THÈSE

pour

LA LICENCE.

UNIVERSITÉ DE FRANCE. — ACADÉMIE DE RENNES.

FACULTÉ DE DROIT.

THÈSE POUR LA LICENCE.

JUS ROMANUM .... De Transactionibus.
DROIT FRANÇAIS. { CODE NAPOLÉON...... Des Transactions.
{ CODE DE COMMERCE... Du Rechange et des Comptes de retour.

Cette thèse sera soutenue le mardi 5 décembre 1854, à deux heures,

Par M. Frédéric-Marie FEILDEL,

né à Rennes (Ille-et-Vilaine), le 23 mai 1833.

Examinateurs,

MM. BIDARD, LEPOITVIN, professeurs ; BODIN, BLONDEL, suppléants provisoires.

RENNES,

IMPRIMERIE DE CHARLES CATEL ET Cie,
rue du Champ-Jacquet, 25.

1854

A la mémoire de ma Mère et de mon Frère.

A mon bon Père,

AMOUR ET RECONNAISSANCE.

A MA SŒUR,

TENDRE AFFECTION.

A MA FAMILLE, A MES AMIS,

ATTACHEMENT SINCÈRE ET DÉVOUÉ.

JUS ROMANUM.

De Transactionibus.

(Dig., lib. II, tit. 15., c. lib. II, tit. 4.)

CAPUT PRIMUM.

QUID SIT TRANSACTIO ET QUÆ EJUS SUBSTANTIAM CONSTITUANT.

1. Transactionis definitio. — 2. Necessariæ transactionibus conditiones. — 3. Si de re
judicatâ transigere possumus.

1. — Transactio est conventio, quâ litis motæ aut movendæ decidendæ
causâ, aliquid datur, vel promittitur, vel retinetur.

Transactio differt à pacto donationis causa ; nam qui transigit, quasi de
re dubiâ, et lite incertâ neque finitâ transigit; qui verò paciscitur donationis causa, rem certam et indubitatam liberalitate remittit (1).

2. — Tres igitur ad substantiam transactionis conditiones requiruntur :

1° Ut aliquid datum, vel retentum, vel promissum fuerit. Nam ut rescribunt Diocletianus Maximianusque, transactio, nullâ re datâ, vel retentâ,
seu promissâ, minimè procedit (2).

2° Ut res, data, retenta, vel promissa fuerit, litis alicujus decidendæ
causa.

3° Denique ut fuerit consensus partium.

Et his vel à sententiâ, vel à jurejurando, vel à pacto transactio dis-

(1) Dig., loi 1, h. t.
(2) C. l. 38, h. t.

tinguitur : à jurejurando, alicujus datione, vel promissione vel reten-
tione, quia in eo intervenit mutua compensatio, quæ in transactione
desideratur; à pacto et re incertâ et non gratuitâ juris remissione; à
sententià et decisione judiciali, consensu partium, nam judicium redditur
in invitum.

3. — Nil refert autem lis præsens sit aut futura; nam si quis de here-
ditate transigit, et si nulla fuisset quæstio hereditatis, tamen, propter litis
timorem transactione interposita, pecunia recte cauta intelligitur (1). Sed
ubi lis superesse non potest, transactio nulla est. Etenim de solis rebus
litigiosis convenire et transigere possumus (2); si ergò causâ cognitâ, pro-
lata sententia, sicut jure traditum est, apellationis vel in integrum restitu-
tionis solemnitate suspensa non est; super judicatum frustrà transigi non est
opinionis incertæ (3); post ergò rem judicatam, pactum, nisi donationis
causa interponatur, servari non potest.

Verum et post rem judicatam transactio valet si vel appellatio interces-
serit vel appellari potuerit (4). Per appellationem enim res eo deducitur
quasi nec judicata sit; et precedens pronuntiatio interim pro extinctâ ha-
betur. Quin imò, etiam post rem judicatam si provocatio non est interposita, tamen si negetur judicatum esse vel ignorari potest an judicatum
sit; transactio fieri potest (5), quia adhuc lis subesse posset.

CAPUT SECUNDUM.

QUAM VARIE FIAT TRANSACTIO ET DE VARIO EJUS EFFECTU.

—

4. Tribus præcipuè modis fiunt transactiones. — 5. De eorum effectu. — 6. De
subjectâ pœnali stipulatione.

4. — Nulla specialis est transactionum forma, et variè fieri possunt.
Undè Ulpianus : transactionem accipere quis potest, non solum si Aquiliana

(1) C. l. 2, h. t.
(2) Paul. sent. l. 1, § 5.
(3) C. l. 32, h. t.
(4) D. l. 7, h. t. Ul. lib. 7.
(5) Loi 2, Ulp. l. 4.

stipulatio fuerit subjecta; sed et si pactum conventum fuerit factum (1).

Fiunt ergò transactiones vel per *contractum innominatum* : *Do ut des, aut facio ut des,* etc., vel per *nudam conventionem,* vel per *stipulationem* sive *simplicem* sive *Aquilianam.* Cujusque formæ diversi in jure effectus.

5. — Et enim si, contractu innominato perfectâ transactione, datio factumve aliquot intercessit, utilis actio quæ præscriptis verbis rem gestat, danda est.

Si quis autem per nudum pactum transigit, ne quid à se peteretur; si nullam actionem ipso jure producit transactio, exceptionem tamen utilem reo parit; et hæc exceptio competit ei qui pactus est ne pro parte à se peteretur; quamvis in reliquâ parte solvendâ, quam transactionis causâ dare promisit, moram faciat (2).

Ei autem qui transegit ut quid sibi præstetur, transactio, si quidem intrà nudi pacti fines stetit, actionem non dat ; sed poterit agere veteri actione ; et si excipiatur de transactione, replicabit quod fidem transactionis rumpat adversarius, id quod promissum est non inferendo ; et sic doli mali vel in factum replicatione usus, poterit ad obsequium placitorum adversarium suum urgere (3).

Si verùm solemnitate verborum roborata est transactio, actionem ex stipulatu statim parit, ad illum solvendum qui transigit ut quid sibi præstetur; et si pacto convento illo, qui transigit ne quid à se petatur, subjecta est stipulatio Aquiliana per quam novatio fit (4), liberatur ipso jure reus, si acceptilatio secuta fuerit.

6. — Pacto convento persœpe Aquiliana quidem stipulatio subjici solet; sed consultius est huic pœnalem quoque stipulationem subjungere, quia resciso fortè pacto pœna ex stipulatu peti potest, enim vero promissis transactionis causâ non impletis, pœnam in stipulationem deductam, si contrà fuerit, exigi posse constat (5). Electionem igitur habebit is qui pœnam stipulatus est, si contrà fidem stipulationis convenitur, an pœnam petat, aut à se Aquilianâ stipulatione, quæ actionem quâ convenitur interemit, tueatur. Et sic enim rescribunt Gratianus Valentianusque.

---

(1) D. loi 2, h. t.
(2) C. loi 36, h. t.
(3) Loi 28. C. h. t.
(4) D. loi 15 h. t.
(5) C. loi 37 h. t.

Et imò uno casu, utrumque quis consequi poterit, et pœnam, et ut trans-
actioni stetur : scilicet si pœna stipulata est sub hâc lege : *rato manente pacto. Ità Hermogenianus* : qui fidem licitæ transactionis rumpit non
exceptione tantum summovebitur, sed et pœnam quam si contrà placi-
tum fecerit, *rato manente pacto* stipulanti rectè promiserat, præstare
cogetur.

CAPUT TERTIUM.

DE HIS QUI TRANSIGERE POSSUNT ET DE QUIBUS REBUS TRANSIGERE POSSUMUS, VEL NON.

7. — Datâ transactionis definitione, quibus modis fit oblatis, non
fuerit extrà propositam materiam deinceps exponere quibus liceat transigere regulis juris, et quibus non liceat.

Transigere autem licet omnibus eis qui consentire possunt : nisi specialiter excipiantur; quales sunt quibus interdicitur administratione bonorum.

Et est exemplum in pupillo in quo Gaius (1) distinguitur, utrum transigit cum tutoris auctoritate, an sinè eâ; et rursùm utrum petit an ab
eo petitur. Hoc casu ait valere transactionem, illo negat; quia alterum est
contrà regulam juris; alterum non est. Ex consensu etenim fit transactio,
nec potest consentire pupillus. Si ergò sinè tutoris auctoritate transigit,
nullam transactionem esse existimamus. Quod si tamen pactus fuerit pupillus ne quod debebat à se peteretur, vel ut quid sibi detur, hujus modi
pactio, quatenus pupillo prodest, sustinenda est; meliorem enim facere
potuit conditionem suam, non deteriorem.

8. — Quæsitum est quoque an minori viginti quinque annis transigere

(1) Gaius, l. 28. *De pactis.*

liceat et de illo nos quippè quærimus an transigendo obligetur regulis juris; quibus non impeditur consentire; nondùm prohibitus sua bona, suo arbitrio administrare (1).

9. — Et non similiter dicimus de furioso, qui pupillo assimilatus ob mentem debilem sub potestate tutoris constitutus est, facultatemque bona sua administrandi æque amisit.

10. — Si possit transigere mandator, cui specialiter mandatum est, nunquam dubium fuit; et idem, si generaliter cum *liberâ bonorum administratione* instructus fuit, rectè transigit procurator, quamvis sinè speciali mandato non valet transactio; enim verò si procurator in transigendo, non specialiter mandatus, utiliter rem mandati gesserit non dubium est quin transactionem ratam habere mandans possit.

11. — Nunc quippè de quibus rebus transigi liceat quærendum est. De cunctis rebus transigere possumus nisi specialiter excipiantur; quales sunt quæ extrà patrimonium nostrum habentur. Sunt tandem quædam res de quibus transigere non possumus. Sic de libertate; de futuris delictis; de publicis criminibus pœnam sanguinis non interrogantibus transigi non licet.

Sic quoque transactiones quæ adversùs bonos mores fiunt irrita sunt; et eâ de causâ transactiones de hæreditate personæ viventis inter eas personas factæ, quæ ad hanc hæreditatem vocari sperant, Justianus voluit esse irritas.

12. — Est hæc celeber questio an possit transigi de controversiis ex testamento proficiscentibus, antè aut inspectis cognitisve ejus verbis Nos in illo casu actam transactionem valere dicimus.

13. — De præteritis alimentis transigi potest; de futuris non nisi ex decreto prætoris in urbe vel præsidis in provinciâ (2). Et ità cautum est oratione Divi Marci ut Ulpianus ait; hoc in loco, hoc jus esse traditur nempè, hujus verò ratio ponitur in principio hujus legis; ne homines tenues et exiguæ fortunæ, quibus plærumque alimenta reliquuntur, neglectis futuris alimentis, et modica præsenti pecunia contenti facilè transigeant, et contrà quam prospixit testator posteà egeant. Eadem ratio est habitationis, vestiarii, itemque alimentorum à re certâ relictorum. Relicta dicimus, ea quæ testamento vel codicillis per legatum, fideicommissum, donationem causâ mortis, aliamve causâ mortis capionem relicta sunt.

(1) Paul sent., l. 43.
(2) Cod. loi De *alimentis*, h. t.

Cæterùm ex alimentis ex contractu debitis, non mortis causâ, transigi potest sinè decreto : ratio differentiæ est hæc ; reliquuntur alimenta ut alimentario consulatur ; in contractibus non ea contrahentium providentia, sed promissor fere sibi potiùs consulit, quam alimentario, divisis scilicet pensionibus.

CAPUT QUARTUM.

DE TRANSACTIONUM EFFECTU.

14. Si transactio sit efficax in solis rebus de quibus pactum fuit. — 15. De genere facta transactio notas et ignotas species providisse censetur. — 16. Non prodest aut nocet transactio aliis quam ipsis transigentibus. — 17. Ei qui transigit non nocet transactio facta de alterius jure.

14. — Non excedit pactum res et causas quibus actum apparet ; efficax non est nisi de eâ re de quâ interpositum est et hæc regula etiam transactionem quæ species pacti est complectitur. Transactio enim est strictissimi juris conventio ; et quæcumque sit, de his tantùm, de quibus inter convenientes placuit, interposita creditur (1). Et his tantùm transactio obest, de quibus actum probatur, nam, cùm transactio interponitur quæ ex consensu redditur, lites de quibus non cogitatum est, in suo statu retinentur. Liberalitatem enim captiosam interpretatio prudentium fregit (2) ; hinc ei qui, nondum certus ad se querelam contrà patris testamentum pertinere, de aliis causis cum adversariis pacto transegit, tantùm in his interpositum pactum nocebit, de quibus inter eos actum esse probatur (3).

15. — Is verò qui de genere transegit species tam notas quàm ignotas providisse censetur. Talis quidem et sententiæ super petitionem generalem latæ effectus. Undè qui transegit de hæreditate, facilè transegisse intelligitur de rebus hæreditariis posteà repertis, quæ tempore transac-

(1) Loi 9. Dig. h. t.
(2) Dig. loi 5. h. t.
(3) Dig. loi 9, § 3.

tionis latebant : indulgendum tamen est errori quæ vinci non potuit; nec transegisse intelligitur de re quam novit ; alienam autem ab hæreditate existimare debuit, quùm quidem apud extraneum esset (1).

16. — Non prodest aut nocet transactio aliis quam ipsis transigentibus, hæredibusve eorum ex vulgato axiomate : res inter alios acta aliis nec nocere nec prodesse potest (2).

Sic quoque nec pactum, neque transactio cum quibusdam ex curatoribus sive tutoribus facta, auxilio cæteris est in his quæ communiter, separatim-ve gesserunt vel gerere debuerunt. Cùm igitur tres curatores habueris et cum duobus ex his transegeris tertium convenire non prohiberis (3).

Sed si ut jam diximus non prodest alteri transactio, quam ei cum quo facta est, similiter quoque inter alios facta alteri non nocet; cui conse-quens est transactionem unius socii, aut cohæredis non præjudicare cæ-teris eam non mandatibus ratamve habentibus.

Sic etiam de re filiorum quos in potestate non habuit transigentem pa-trem minimè eis obesse placet (4). Multò magis transactione matris filios ejus non posse servos fieri notissimi juris est (5).

17. — Sed nec ei ipsi qui transigit cum alterius jure transactio obesse potest. Hinc : qui cùm tutoribus de solà portione administratæ tutelæ suæ egerat et transegerat, adversùs eosdem tutores ex personà fratris sui, cui heres extiterat, agens, præscriptione factæ transactionis non summove-tur. (6).

Vice versâ nocet transactio etiam ei qui non transegit, si ejus qui trans-egit jure utatur; exemplùm habemus in specie sequenti : Venditor heredi-tatis, emptori mandatis actionibus, cum debitore hereditario qui igno-rabat venditum esse transegit. Si emptor hereditatis hoc debitum ab eo exigere velit, exceptio transacti negotii debitori propter ignorantiam suam accomodanda est.

(1) Cod. I. 29. h. t.
(2) Dig. l. 3. h. t.
(3) Loi 1. Cod. h. t.
(4) Loi 10. Dig. h. t.
(5) Loi 26. Cod. h. t.
(6) Dig. loi. 9. h. t.

CAPUT QUINTUM.

AN ET EX QUIBUS CAUSIS RECEDERE A TRANSACTIONE LICEAT NECNE; ET QUO-MODÒ RESCINDATUR.

---

18. Licetne à transactione recedere? — 19. An rescindatur transactio sub pretextu ins trumenti post reperti? — 20. Mutuo consensu dissolvitur transactio. — 21. Et idem si falsis instrumentis, et si quoquo dolo vel metus causâ facta fuit. — 22. Quomodò rescindatur.

18. — Non minorem auctoritatem transactionum quàm rerum judicatarum esse, rectâ ratione placuit: siquidem nihil ità fidei congruit humanæ quam ea quæ placuerant custodiri (1). Igitur ei qui transegit, à transactione recedere non licet; et imò causas vel lites transactionibus legitimis finitas imperiali rescripto rursus moveri non oportet (2). Nulla etenim erit litium finis si à transactionibus bonâ fide interpositis cœperit facile discedi (3). Et equidem nec sub pretextu evictionis rerum ex causâ transactionis traditarum rescindi transactio postet. Sic enim rescribunt Diocletianus et Maximianus : si pro fundo quèm petebas prædium certis finibus liberum dari transactionis causâ placuit, nec eo tempore minor annis vigenti quinque fuisti, licet hoc prædium obligatum post vel alienum pro parte fuerit probatum, instaurari decisam litem prohibent jura (4).

19. — Etiam sub prætextu instrumenti post reperti transactionem bonâ fide finitam rescindi jura non patiuntur. Sanè si per se vel per alium, substratis instrumentis quibus veritas argui potuit, decisionem litis extorsisse probetur : si quidem *actio* super est, *replicationis auxilio doli mali pacti exceptio* removetur.

20. — Sed quod autem jam diximus transactionem retractari non valeré non est absolutum, ut nullam patiatur exceptionem; in finiendo ergò dis-

---

(1) Loi 20. C. h. t.
(2) Loi 16. C. h. t.
(3) Loi 10. Cod. h. t.
(4) Loi 33. Cod. h. t.

piciemus : 1° quibus causis rescindantur transactiones; 2° quomodò rescindantur.

SECTIO PRIMA.

Quibus causis rescindantur transactiones.

Non est dubium quin mutuo utriusque transigentium consensu dissolvi transactio possit; atque hoc procedit non modo adhuc integrâ, verum etiam re secutâ.

21. — Sed nolente uno ex transigentibus, si ex falsis instrumentis transactio facta fuit, rescindi potest.

Et aliis etiam causis rescinduntur transactiones. Interpositas, metus causâ, transactiones ratas non haberi edicto perpetuo continetur. Nec tamen quilibet metus ad rescindendum ea quæ consensu terminata sunt sufficit; sed talem metum probari oportet, qui salutis periculum vel cruciatum contineat. Metum autem illatum allegare non sufficit, nisi manifestò probetur; maximè ejus, qui, intervenientibus, amicis transactionem quam egit metus velamento rescindi postulat, professio detegit improbitatem.

Non sunt etiam ratæ transactiones quibus dolus causam dedit; sed adversùs transactiones is demum dolum alligare potest, qui deceptus est, et non ille qui decepit; et nec ei qui se deceptum fuisse dicit dolum allegare sufficit, nisi probet intervenisse; si enim major transegisti, ad rescindendam transactionem de dolo contestatio non sufficit.

SECTIO SECUNDA.

Quomodò rescindatur.

22. — Rescinditur transactio opposita replicatione doli adversùs pacti exceptionem.

Quod si transactio, interpositâ Aquilianâ stipulatione obligationem sustulit, rescindetur per actionem de dolo.

QUÆSTIONES.

1. — An liceat transigi de controversiis ex testamento proficiscentibus, antè aut inspectis cognitisve ejus verbis?

2. — Tutor nomine pupilli transigere potest, dummodò non agatur diminuendi causâ.

3. — Non repeti potest condictione indebiti quod datum est ob transactionem dummodò lis fuerit etiamsi nulla causa litis fuerit.

DROIT FRANÇAIS.

Des Transactions.

Code Napoléon, livre III, titre 15.

INTRODUCTION.

Quelque fondé que puisse être le droit que l'on fait valoir, quelque in-
tègre et savante que soit de nos jours la justice, il n'en est pas moins
de nombreux cas où il est sage d'abandonner une partie de ses prétentions, plutôt que de s'exposer à tout perdre dans l'espérance d'une réus-
site complète : *Melior est certa pax quàm sperata victoria.* Et lorsqu'une
division d'intérêt est venue jeter une famille au milieu des embarras ou
de la crainte d'un procès, quand bien même l'issue n'en saurait être douteuse, combien de fois ne vaut-il pas mieux conserver la paix et l'entente
cordiale, éviter des tracas et des inquiétudes, même au prix de quelques
sacrifices pécuniaires.

Aussi le législateur, désireux d'éteindre et de prévenir les procès, de faire
régner la paix et l'harmonie entre les citoyens, et d'augmenter ainsi la
puissance et la prospérité de l'État, a-t-il entouré d'une faveur toute spéciale le contrat par lequel les parties terminent elles-mêmes leurs différends à l'amiable, et lui a donné une autorité qui doit être respectée à
l'égal de la chose jugée. Ce contrat, c'est la transaction.

CHAPITRE PREMIER.

De la Transaction en général.

1. — Le Code définit la transaction un contrat par lequel les parties
terminent une contestation née, ou préviennent une contestation à naître
(art. 2044).

Bien vague, selon nous, et bien incomplète est cette définition donnée
par le législateur ; et il nous semble que départissant à la transaction une
autorité si grande, lui accordant une telle faveur que souvent, ainsi que
nous le verrons, il s'écarte pour elle des règles du droit commun, il eût
dû, en la définissant, s'efforcer de lui donner une existence plus spéciale,
et la distinguer mieux des autres contrats.

Cherchant donc une définition qui fasse ressortir tous les éléments de
la transaction et qui ne puisse s'appliquer qu'à elle seule, nous l'appelle-
rons : un contrat synallagmatique parfait, commutatif et non solennel, par
lequel le consentement des parties termine une affaire douteuse ou un
procès incertain.

2. — Cette définition nous semble réunir tous les éléments essentiels à
l'existence de toute transaction. En effet, d'après notre jurisprudence
aussi bien que d'après les anciens législateurs romains, trois choses sont
nécessaires pour la perfection et la validité d'une transaction, à savoir : le
mutuel consentement des parties, la réciprocité des concessions, l'*aliquo
dato vel retento vel promisso*, et enfin l'incertitude sur les droits respectifs
des cotransigeants, la litis-contestation au moins possible, sinon déjà née.

Sans le consentement des parties, la transaction devient en effet impossible. Nous l'avons définie un contrat ; il faut donc qu'il y ait volonté
de la part des contractants, adhésion complète et entière aux conditions
convenues : sans cela il n'y a plus de transactions, il ne reste plus qu'un
jugement imposé aux volontés des parties et non réglé par elles.

Mais la réciprocité des concessions, l'*aliquo dato* des Romains, condition totalement omise par le Code, n'est pas moins essentielle à la

transaction que le mutuel consentement; c'est elle, en effet, qui la dif-
férencie de divers contrats qui s'en rapprochent et qui ont avec elle des
points de ressemblance marqués, tels que le désistement, l'acquiescement,
les actes confirmatifs et de ratification, actes qui sont tous unilatéraux,
tandis que la transaction est synallagmatique par essence ; car dans les
premiers cas une seule des parties donne ou se désiste, tandis que, pour
qu'il y ait transaction, il faut de toute nécessité que le contrat soit onéreux pour tous les contractants, l'un ne donnerait-il à l'autre que des as-
surances de paix et de tranquillité.

Et ce n'est pas seulement de nom, mais aussi de fait, que la loi distingue
la transaction des divers contrats que nous venons de nommer ; elle leur
assigne à chacun des formes, des conditions, des effets tout à fait différents. Ainsi, le désistement n'a pas besoin d'être accepté par la partie
adverse quand il porte non-seulement sur la procédure, mais aussi sur
la question de fond ; tandis qu'il n'en est pas ainsi de la transaction, qui
toujours, comme nous l'avons déjà dit, est l'œuvre des deux parties et
le résultat du concours de leur double volonté. De même, pour acquiescer,
un tuteur peut le faire avec la simple autorisation du conseil de famille,
et pour transiger, au contraire, il lui faut en plus l'avis de trois jurisconsultes désignés par le procureur impérial, et l'homologation du tribunal.

Enfin, quant au troisième élément de toute transaction dont nous avons
parlé plus haut, il n'est ni moins essentiel, ni moins caractéristique que
les deux autres; car là où il n'y a point d'incertitude, il ne peut y avoir
matière à transaction. Si le droit est certain et qu'on en fasse le sacrifice,
le contrat cesse d'être une transaction pour devenir, selon les circonstances,
donation, vente ou partage, et valoir comme tel; car il est de principe
d'examiner pour déterminer la nature d'un acte, ce qu'il contient, et non
la qualification qu'il a plu aux parties de lui donner.

3. — La transaction, quoique certains auteurs aient prétendu que celui
qui transige aliène : « *Qui transigit alienat,* » n'est nullement translative,
mais seulement déclarative de propriété. En effet, quoique celui qui, dans
une transaction, vient à se départir de son droit, à abandonner toutes
ses prétentions sur la chose litigieuse, puisse paraître aliéner au premier
abord et aliène en effet, on ne peut pas dire que l'autre partie puisse
être considérée comme acquéreur; car elle ne fait que rentrer en posses-
sion d'une chose dont elle soutient avoir toujours été propriétaire, et la
transaction n'a donc fait simplement que déclarer à qui appartenait vé-

ritablement l'objet ou le droit en litige, mais n'a conféré sur lui aucune propriété nouvelle.

Il y a pourtant un cas où la transaction peut être translative de propriété : c'est lorsque l'un des cotransigeants livre à l'autre, en échange de la chose contestée, une autre chose ne faisant nullement partie du sujet de la transaction. Ainsi, deux individus transigent au sujet d'un procès sur l'immeuble A, et Pierre consent à se départir de tous ses droits et prétentions, si Paul, partie adverse, consent à lui livrer l'immeuble B, situé dans un autre canton que l'immeuble litigieux. Il est évident que dans ce cas la transaction sera translative de propriété relativement à l'immeuble B ; mais quoique Pierre en soit devenu propriétaire en vertu de la transaction, on n'en peut pas moins dire qu'il ne le possède que *pro emptore*, en vertu d'un échange de ses prétentions sur l'immeuble A.

La grande importance de cette question : si la transaction est translative ou déclarative de propriété, consiste surtout à savoir quelle garantie sera due pour la chose dont on a transigé. Si en effet, comme on l'a prétendu à tort, la transaction transférait la propriété, la partie qui, en transigeant, aurait fait l'abandon de ses droits, serait considérée comme vendeur, et tenue comme tel de toutes les garanties dues à l'acheteur au sujet de la chose vendue ; mais la transaction n'étant au contraire que déclarative de propriété, et la chose en litige étant censée avoir toujours appartenu à celui à qui on l'a cédée, tous ses défauts et tous ses vices sont à ses risques et périls, et aucune garantie ne lui est due. J'en excepte bien entendu le cas que j'ai cité plus haut, où la transaction est jointe à un véritable acte d'échange ou de vente, qui donne droit alors au cessionnaire à toutes garanties de la part du cédant.

4. — Il importe de ne pas confondre la transaction avec le compromis qui en diffère du tout au tout, puisque dans un cas les parties prennent un juge pour régler leurs différends comme bon lui semblera, en s'engageant à s'en rapporter à ses avis et décisions, tandis que dans l'autre elles s'arrangent et s'accordent elles-mêmes sans l'entremise d'aucun intermédiaire ; et il en est ainsi de l'acte par lequel les parties remettent leurs blancs-seings à un tiers pour qu'il rédige seul et à son gré une transaction qui n'est qu'un véritable compromis, les parties n'ayant point apporté le concours de leurs volontés à la rédaction des diverses conditions de cet acte.

CHAPITRE II.

Forme et preuve de la transaction.

Sommaire. — 5. Forme de la transaction. — 6. Sa preuve. — 7. Peut-on prouver une transaction par serment décisoire ou interrogatoire sur faits et articles ? — 8. Le témoignage est-il admis en cas de commencement de preuve par écrit ? — 9. La preuve écrite doit-elle être un acte authentique ou sous seing-privé ? — De la transaction reçue au bureau de paix.

5. — La transaction, est-il dit dans l'art. 2044, § 2, doit être rédigée par écrit : il n'en faut pourtant pas conclure qu'une transaction verbale, avouée par les parties, ne soit pas parfaitement valable; au contraire, l'écrit n'est exigé que *ad probationem* et nullement *ad solemnitatem*, et n'est point une condition essentielle du contrat, mais seulement le seul moyen de preuve admis pour ce contrat. Si, par exemple, deux parties ayant conclu une transaction verbale, l'une, tout en étant d'accord avec l'autre sur l'existence de la transaction et sur ses conditions, refusait de l'accomplir, prétextant sa nullité pour cause d'absence d'écriture, elle ne serait nullement recevable à poursuivre ses prétentions, et la transaction serait déclarée valable; tandis que si elle niait l'existence de cette transaction, la partie adverse, manquant de témoignages écrits, ne pourrait la prouver et en obtenir l'exécution.

6. — Le législateur, en effet, n'ayant institué la transaction que pour éteindre ou prévenir les procès, n'a pas naturellement voulu que la preuve de cette transaction pût devenir la source de nouveaux procès, de nouvelles divisions ; et il a exigé d'une manière formelle et absolue que la preuve ne pût en être faite que par écrit, pour rendre ainsi impossible tout démêlé quelconque relatif à une transaction.

7. — Aussi les commentateurs qui ont pensé (et c'est l'opinion admise par la plupart d'entre eux) que l'on pouvait arriver à la preuve de ce contrat en déférant à la partie adverse le serment décisoire, sont-ils tombés, selon nous, dans l'erreur. Ils arguaient en effet (*voy.* Delvincourt, tom III ; M. Duranton, etc.) que les termes de l'art. 2044, quoique formels, n'excluaient nullement dans certains cas d'autres moyens de fournir la preuve d'une transaction, et que si le législateur eût voulu n'admettre que la preuve par écrit à l'exclusion de toute autre espèce de preuve, il se serait exprimé avec la même énergie que dans l'art. 931, où il prescrit

3

non-seulement l'écriture, mais l'acte notarié pour les donations, et le tout
à peine de nullité; ne l'ayant pas fait pour la transaction , c'est qu'il n'a
pas voulu apporter la même rigueur dans la facture et dans la preuve de
ces deux actes, et partant, les exceptions de l'art. 1348 sont certainement
applicables à notre contrat.

Plusieurs arrêts sont venus confirmer cette opinion (Cours de Nancy,
septembre 1837 ; Bruxelles, décembre 1810), que cependant nous ne
croyons pas devoir admettre. En effet, la nature particulière de la transaction, dit le plus célèbre de nos jurisconsultes, M. Troplong, a fait exiger
la preuve écrite, afin de prévenir tout débat sur l'existence d'un acte
destiné à mettre les parties d'accord. Le serment litis-décisoire est donc
un moyen qui répugne à la nature de ce contrat ; il suppose un procès
sur la preuve, et la loi ne veut pas qu'il puisse y en avoir.

L'art. 2044 sort du droit commun et fait exception d'une manière formelle aux règles établies, et dans tous les cas, même au-dessous de
150 fr., n'admet pas d'autre moyen de preuve que l'écriture ; aussi ce
que nous avons dit du serment décisoire peut-il s'appliquer à l'interrogatoire sur faits et articles.

8. — Et ainsi en est-il également de la preuve par témoins qui, même
en cas de commencement de preuve par écrit, ne peut jamais être admise, quoique certains auteurs aient voulu soutenir le contraire. Nous ne
saurions même la considérer comme bonne quand la transaction a été
écrite, et que, l'écrit ayant disparu, une des parties offre de prouver
son existence par témoins. En présence des termes formels de notre article et de l'esprit qui anime notre contrat, nous ne saurions, même dans
ce cas, regarder comme admissible tout témoignage non écrit.

9. — Mais cette preuve écrite, si essentiellement exigée à l'exclusion
de toute autre, il est tout à fait indifférent qu'elle consiste en un acte
authentique ou en un acte sous seing-privé ; il faut seulement dans ce
dernier cas que, suivant la règle générale, il existe autant de doubles de
l'acte qu'il y a de cotransigeants, et même il est un cas où un acte sous
signature privée, fait en simple, est suffisant pour prouver une transaction. Si, par exemple, deux individus en désaccord touchant une somme
due par l'un à l'autre, ont transigé pour une somme intermédiaire, la quit-
tance justifiant du paiement de cette somme et faisant mention de la
transaction suffirait pour la prouver, et il en serait de même d'une obligation souscrite dans un cas analogue.

Une transaction peut être aussi reçue en bureau de conciliation et constatée par un procès-verbal du juge de paix, et cela au cas même où les parties ne sauraient pas signer ; et si ces procès-verbaux ne peuvent conférer aucun droit d'hypothèques et ne sont pas revêtus de la formule exécutoire, du moins ils jouissent du privilége de l'authenticité refusé aux actes sous seings-privés.

Quant à ce que l'on nomme des jugements d'expédients, jugements que les parties rédigent elles-mêmes et font ensuite signer aux juges, nous n'en dirons rien, sinon qu'étant au fond de véritables transactions passées dans une forme spéciale et non des jugements, ils ne valent absolument que comme conventions privées, et ne peuvent être attaqués par aucune voie de recours soit ordinaire, soit extraordinaire.

———

CHAPITRE III.

Des personnes capables de transiger.

Sommaire. — 10. Pour transiger, il faut avoir la libre disposition des choses faisant l'objet de la transaction. — 11. Des transactions passées par le tuteur. — 12. Des transactions passées par le mineur émancipé. — 13. Si le prodigue et l'interdit peuvent transiger. — 14. *Quid* de la femme mariée. — 15. *Quid* des transactions entre époux. — 16. Des transactions des communes et établissements publics. — Des transactions du failli.

10. — Nous avons dit dernièrement que la transaction n'était simplement que déclarative de propriété ; elle n'en est pas moins rangée parmi les actes de disposition, car c'est une véritable aliénation pour la partie qui, en transigeant, vient à céder une chose sur laquelle elle prétendait et croyait avoir des droits ; et c'est dans ce sens que se trouve vrai l'axiome que nous avons cité plus haut : *qui transigit alienat.* Il s'ensuit donc que pour transiger il faut avoir la libre disposition des choses ou des droits faisant l'objet de la transaction, c'est-à-dire la libre capacité de les aliéner de toute manière, tant à titre onéreux qu'à titre gratuit. Toute personne possédant en principe le droit de disposer librement de sa chose, mais pouvant par certains faits se trouver privée de la jouissance de ce droit, nous allons simplement rechercher quelles sont les personnes qui peuvent

se trouver privées en tout ou en partie du libre exercice de leur droit de propriété.

11. — Et d'abord se présente à nous le mineur, incapable au premier chef et d'aliéner ses biens et de s'obliger envers un tiers ; aussi n'est-il pas admis à figurer dans une transaction d'où devaient en effet l'éloigner et l'inexpérience de son âge et la faiblesse de sa raison. Mais le législateur qui, dans sa sollicitude pour les intérêts du mineur, lui interdit de transiger par lui-même, n'a pas voulu le priver des bénéfices de ce contrat, aussi a-t-il permis au tuteur de transiger en son nom ; mais pour sauvegarder plus sûrement sa fortune, pour être plus certain que la transaction ne lui sera pas défavorable, il a voulu l'assujettir à des conditions toutes spéciales. Ainsi, le tuteur doit préalablement prendre l'avis du conseil de famille, ainsi que celui de trois jurisconsultes à ce commis par le procureur impérial, puis faire homologuer la transaction par le tribunal de première instance (art. 467).

Cependant si, au mépris de ces formalités, une transaction avait été passée entre le tuteur agissant pour son pupille et un tiers, le défaut de nullité résultant de l'émission des formes prescrites ne pourra être allégué que par le mineur contre les tiers, et nullement par les tiers contre le mineur, car il n'est pas juste, en effet, que la violation d'une règle qu'ils étaient censés connaître, et qui n'a pour but que de protéger le mineur contre eux, puisse, au risque de le léser, leur permettre de revenir sur leurs conventions.

Bien plus, si un tiers a transigé avec un mineur en âge de connaître l'importance de son acte, et cela même sans l'autorisation de son tuteur, nous ne pensons pas que le tiers soit recevable à demander la rescision du contrat pour cause de nullité ; seul, selon nous, le mineur le pourrait faire avec succès.

12. — Le mineur une fois émancipé se trouve posséder immédiatement la libre jouissance et disposition de ses revenus ; il peut, partant, passer toute transaction relative à ces objets, pourvu toutefois que cette transaction ne s'étende pas à plus de neuf années de jouissance ; car la loi en lui refusant de passer des baux de plus de neuf ans, il n'a pas la libre jouissance des revenus de ses immeubles ou capitaux pour un plus long terme.

Mais le mineur émancipé peut-il, avec la simple autorisation de son curateur, transiger au sujet d'un capital mobilier ? Quelques auteurs ont voulu essayer de le soutenir, mais je pense qu'il n'en est rien, me fondant pour cela sur l'opinion de MM. Duranton et Troplong. En effet, d'après l'art. 482, le mineur émancipé n'a nullement la libre jouissance de ses capitaux mobiliers; il ne peut en recevoir ou en donner décharge sans l'assistance de son curateur, qui doit en outre en surveiller le remploi.

Pour ce point donc, le mineur émancipé est pour ainsi dire remis en tutelle; et n'ayant point le droit de libre disposition, je crois que dans ce cas la transaction ne peut être faite que d'après les règles données précédemment, et qu'il faut, pour qu'elle soit valable, l'avis du conseil de famille et celui de trois jurisconsultes, ainsi que l'homologation du tribunal.

Et cette opinion me semble appuyée par l'arrêté du 24 mars 1806, exigeant l'avis du conseil de famille pour le transport d'une rente sur l'Etat, supérieure à 50 fr., appartenant à un mineur même émancipé.

Quant à l'émancipé commerçant, étant réputé majeur pour tous les actes se rattachant à son commerce, il va sans dire qu'il peut transiger comme il veut sur tout ce qui y a rapport, si ce n'est pas toutefois un immeuble (art. 6., C. Com.).

Ces entraves apportées au droit de libre transaction du mineur, même émancipé, il les retrouve dans certains cas, même après sa majorité. Il lui est en effet interdit de transiger avec son tuteur avant le règlement et l'apurement des comptes de tutelle, pour tout ce qui peut avoir trait aux intérêts relatifs à cette tutelle. Cette prohibition, qui a pour but d'empêcher que l'ardent désir qui pousse un jeune homme de 20 ans à jouir librement de sa fortune, ne vint le porter à payer au prix d'importants sacrifices pécuniaires cette libre entrée en jouissance, cette prohibition, dis-je, n'aurait pas lieu si la transaction portait sur un point étranger au compte de tutelle, car il n'y aurait plus alors ni tuteur ni mineur, mais deux personnes étrangères l'une à l'autre.

13. — Si le mineur ne peut transiger que par l'intermédiaire de son tuteur, il nous faut en dire autant d'une autre classe d'incapables qui se présente à nous : les interdits et les prodigues. Les interdits judiciairement (car pour ceux sur qui pèse une interdiction légale ils ont non-seulement perdu l'exercice de leurs droits, mais ces droits eux-mêmes), les interdits judiciairement pour cause de folie, d'imbécillité, etc., se trouvant dans une position complètement analogue à celle du mineur soumis à la tutelle, et n'ayant pas plus que lui la jouissance et la libre disposition de

leurs biens, se trouvent naturellement assujettis, pour transiger, aux mêmes formalités que le pupille. Tout ce que nous avons dit de ce dernier peut donc s'appliquer ici.

Et il en sera de même des considérations que nous avons émises relativement aux transactions du mineur émancipé, qui peuvent s'appliquer parfaitement à celles qui sont passées par le prodigue, qui a, lui aussi, la jouissance de ses revenus, sans pouvoir librement disposer du fonds, et peut partant transiger seul sur ses revenus ; tandis que pour le fonds il est soumis aux mêmes formalités que le mineur.

14. — Il est encore d'autres personnes qui ne jouissent pas de la plénitude de leurs droits et sont pour ainsi dire en tutelle perpétuelle, ce sont les femmes mariées. Aussi ne peuvent-elles transiger qu'avec l'autorisation de leurs maris ou celle des tribunaux (art. 217, 218, C. C.); et la transaction passée sans cette autorisation peut être attaquée et par elles, et par leurs maris, et par leurs enfants ou ayant-cause.

Mais cette règle générale n'est pas pourtant sans exceptions : ainsi, selon les différents régimes adoptés par les époux, la femme peut, dans certains cas, transiger seule de certains biens dont elle a la jouissance, tandis que dans d'autres elle ne le peut même pas avec l'autorisation de son mari. Ainsi, la femme mariée sous le régime de séparation de biens peut *seule* transiger de ses revenus, pendant que celle mariée sous le régime dotal ne peut en aucune manière transiger sur sa dot.

Quant à la femme commerçante, nous nous bornerons à dire qu'elle peut librement passer toute transaction relative à son commerce, sans répéter ce que nous avons dit plus haut relativement à l'émancipé commerçant.

15. — La transaction étant, comme nous l'avons dit déjà au n° 10, une espèce de vente, et la vente étant formellement interdite entre époux (art. 1595), toute transaction passée entre eux sera donc radicalement nulle, à moins pourtant qu'elle n'ait lieu dans un des trois cas désignés par l'art. 1595.

16. — Reste maintenant à parler brièvement d'une dernière classe d'incapables, les communes et les établissements publics, qui sont, eux aussi, soumis à une sorte de tutelle perpétuelle qui ne leur permet pas de transiger librement, et les assujettit pour cela à des formalités nombreuses (art. 2045).

Les communes étant complétement assimilées à des mineurs, les formalités nécessaires à la validité de leurs transactions sont identiquement semblables à celles que l'on exige du tuteur agissant au nom de son pupille ; seulement le conseil de famille est remplacé par le conseil municipal. Le préfet désigne les trois jurisconsultes, qui pour le mineur sont nommés par le procureur impérial, et l'homologation doit être faite par un décret du gouvernement. (Arrêté du 21 frimaire an XII.)

Pour ce qui est des hospices et autres établissements publics, les conseils d'administration peuvent passer des transactions sur tous les droits, à charge seulement de les faire approuver par l'État.

Il est encore un cas où un citoyen majeur peut se voir privé tout d'un coup de son droit de libre transaction, c'est lorsqu'il se trouve en état de faillite ; mais il peut se trouver des circonstances telles que cette prohibition de transiger imposée au failli devienne défavorable aux créanciers. Le législateur a donc dû veiller à la sauvegarde de leurs intérêts, et pour ne pas les priver des bénéfices de la transaction, il a permis aux syndics de transiger avec l'autorisation du juge-commissaire, le failli dûment appelé, sur toutes contestations intéressant la masse des créanciers, même sur celles qui sont relatives à des droits et actions immobiliers, en leur imposant en outre, si l'objet de la transaction dépasse une valeur de 300 fr., l'obligation de la faire homologuer ou par le tribunal de commerce si elle a rapport à une affaire commerciale, ou par le tribunal civil s'il s'agit de droits immobiliers (C. Com., 487).

CHAPITRE IV.

Des choses dont il est ou non permis de transiger.

Sommaire. — 17. Principes généraux. — 18. Peut-on transiger sur un délit ou seulement sur l'intérêt civil qui en résulte ? — 19. Peut-on transiger sur l'état civil d'une personne ? — 20. *Quid* d'une transaction sur l'état civil d'un enfant naturel non reconnu, ou sur la confirmation d'un mariage irrégulier ?

17. — Le principe général que les seules choses dont nous avons le droit de disposer peuvent donner lieu à une obligation, s'étend naturellement au contrat dont nous nous occupons ici. Ainsi, l'on ne peut donc

transiger ni sur les choses impossibles ou immorales, ni sur les biens hors du commerce, comme les choses communes ou publiques, ni sur tout ce qui est d'utilité publique.

18. — En droit romain, il était dans certains cas permis aux particuliers de venir, par des transactions privées, assoupir et dissimuler des crimes publics, et mettre le coupable à l'abri des peines méritées par lui. Il n'en pouvait être ainsi sous l'empire du Code Napoléon. Supérieure à toute convention privée, rien ne doit venir entraver la libre marche de la justice; et comme la société toute entière a été attaquée dans la personne de la victime, aucune transaction passée entre elle et le coupable ne peut venir, quand il y a eu crime ou délit, empêcher l'action publique d'avoir son cours et de poursuivre celui qui, par la violation des lois, est venu porter atteinte à la paix et à la tranquillité des citoyens.

Cependant, comme souvent à côté de l'action publique, réclamant au nom de la société la punition et la condamnation de l'accusé, peut s'élever une action civile en dommages et intérêts, une transaction peut parfois avoir lieu lors d'une poursuite judiciaire, mais toujours sur les intérêts civils qui résultent des crimes et délits poursuivis, et c'est ce que nous dit le législateur dans l'art. 2046. Mais jamais, bien entendu, cette transaction ne peut avoir la moindre influence sur l'action publique qui en est tellement distincte, que lors-même qu'un accusé transige avec la personne qui a souffert par son fait, cet acte ne peut nullement servir de preuve à sa culpabilité, et ne l'exempte jamais des frais judiciaires résultant de la procédure criminelle. Il va sans dire que ces transactions sur les intérêts civils résultant d'un délit ne peuvent porter que sur le présent, et jamais sur les délits futurs, car ce serait en quelque sorte transiger sur l'impunité des coupables, porter atteinte à la morale et à la sûreté publique, et ces actes seraient radicalement nuls, comme ayant été contractés pour une cause honteuse. *Ob turpem causam.*

Nous avons dit tout à l'heure que jamais la transaction sur les intérêts civils d'un délit ne pouvait porter atteinte à l'exercice de l'action publique; il est pourtant quelques exceptions que nous devons signaler ici, quelques cas où ces deux actions sont liées l'une à l'autre d'une façon si étroite et si intime, que l'une ne peut pas exister sans l'autre.

Ainsi, quand le mari dont la femme s'est rendue coupable d'adultère ne dénonce pas le crime au ministère public, celui-ci ne peut jamais poursuivre de son chef; et même lorsqu'après l'ouverture de la procédure criminelle l'époux trompé vient à transiger avec le complice de l'adultère, toute poursuite cesse aussitôt, l'action publique se taisant plutôt que de venir jeter la honte et l'opprobre dans le sein d'une famille, et flétrir en quelque sorte le nom d'un homme qui aime mieux pardonner que de voir son honneur souffrir la moindre atteinte.

Et il en est ainsi quand, après l'enlèvement d'une mineure, son ravisseur vient à transiger avec les parents de la jeune fille et à l'épouser ; seulement, il faut ici que la transaction ait lieu avant que la justice ait commencé à informer, car une fois les poursuites criminelles commencées, les parties qui les auraient fait naître ne pourraient plus les arrêter.

Il est encore d'autres cas où l'action publique est subordonnée à l'action civile ; mais nous citerons seulement celui où un délit de chasse sur une propriété a été constaté par un garde particulier, cas où le ministère public ne peut poursuivre que sur la plainte du propriétaire, et où une transaction entre celui-ci et le délinquant, préalablement à toute poursuite, met fin à l'action publique.

19. — Malgré la règle qui défend de déroger par des conventions particulières aux choses qui intéressent l'ordre public (art. 6, C. C.), on s'est pourtant demandé s'il était permis de transiger sur l'état civil d'une personne, et bien des auteurs se sont rencontrés pour soutenir dans certains cas la validité d'une pareille transaction ; mais quant à nous, nous nous fondons sur le respect dû à l'ordre public, pour penser que jamais dans aucun cas il ne peut être permis de transiger sur l'état civil d'une personne. En effet, si quelque chose intéresse surtout l'ordre public et importe à la société toute entière, c'est à coup sûr la stabilité de l'état civil ; et parce qu'il conviendrait à des particuliers de transiger sur cet état, ils pourraient venir à leur gré changer l'ordre actuel des choses, s'introduire tout d'un coup dans la famille, priver, sous prétexte d'une transaction, des frères et sœurs d'une part de la succession de leur auteur, et remplacer à leur gré le mariage par le concubinage, ou celui-ci par une union légitime. Les inconvénients résultant de ces changements dans l'état civil d'une personne sont tellement graves et tellement évidents, que les auteurs que nous combattons admettent eux-mêmes que l'on ne peut pas renoncer à son état, le rendre pire, mais qu'il est permis de l'améliorer, en un mot que la transaction préjudiciable à l'état civil est nulle, tandis que celle qui lui est favorable est valide. Ainsi, une transaction par laquelle une des parties s'engage envers l'autre à la recon-

4

naître comme son fils ou frère légitime, et à ne lui plus contester cette qualité à l'avenir, serait, suivant eux, bonne et productive d'effets; et qu'à tout le moins celui qui change d'état serait seul admissible à réclamer contre sa validité. Nous ne saurions admettre cette opinion, même ainsi modifiée, car, ainsi que nous l'avons déjà dit, un particulier ne peut pas changer à son gré ce qui est d'ordre public, et faire que ce qui n'est pas soit; et ici la nullité provenant de l'*essence* même du contrat et non de l'omission de certaines *formalités,* comme dans le cas du mineur transigeant sans son tuteur, le contrat est radicalement nul, et cette nullité peut être alléguée non-seulement par les deux parties, mais encore par tout tiers intéressé.

Bien entendu que si la transaction ne portait que sur les intérêts civils résultant de l'état, elle serait complétement valable : si par exemple un individu se prétendant fils naturel ou légitime d'un homme qui vient de mourir, transige avec les héritiers uniquement sur la part d'héritage qu'il prétend lui appartenir, la transaction sera valable. Mais s'il transige à la fois et sur sa prétendue qualité de fils du *de cujus* et sur la succession, la transaction sera nulle, car cet acte a toujours été reconnu comme indivisible de son essence.

20. — On a aussi prétendu que si un individu ne pouvait pas changer son état, il pouvait au moins en acquérir un quand il n'en avait pas, et partant de cette idée : que les enfants naturels n'avaient pas d'état (à proprement parler du moins), on a dit qu'alors il devait leur être permis de transiger sur leur filiation. Mais cela n'est rien moins que vrai, car on ne peut pas dire qu'un enfant naturel, même non reconnu, soit tout à fait privé d'état, car bien que celui qu'il possède ne soit presque jamais pour lui productif d'effets, cet état n'existe pas moins, et il ne lui est pas permis de le changer.

Il est pourtant des cas où des transactions relatives à l'état civil d'une personne peuvent être valables, selon nous. C'est lorsque cet état étant pour ainsi dire encore douteux, la transaction vient le confirmer sans le changer en rien : ainsi, lorsqu'un père vient s'engager à ne pas attaquer le mariage contracté par son fils sans son autorisation, cet engagement est parfaitement valable.

De même, la transaction passée par deux époux qui s'engagent à se reconnaître comme mari et femme, peut être valable en certains cas. Bien entendu qu'une semblable déclaration, sans aucun acte de mariage préalable, serait parfaitement dérisoire, et n'empêcherait pas l'union prétendue des deux époux de n'être qu'un véritable concubinage. Mais si un acte justificatif de mariage existe, entaché seulement de quelques vices qui pourraient le rendre rescindable (par exemple la célébration du mariage par un officier de l'état civil incompétent), sans nul doute la transaction par laquelle les deux époux s'engageraient à ne pas attaquer leur union serait valable.

———

CHAPITRE V.

De l'effet des transactions.

Sommaire. — 21. La transaction est un contrat *strictissimi juris.* — 22. Il ne faut pas l'étendre au delà de son but spécial et défini, ni l'appliquer aux dispositions générales. — 23. La transaction porte non-seulement sur les débats existants, mais encore sur ceux qui pourraient survenir sur le même sujet. — 24. Du pouvoir discrétionnaire des juges pour rechercher les véritables intentions des parties. — 25. La transaction passée par un individu ne le lie que pour les droits qu'il possédait de son chef. — 26. La transaction ne peut être opposée au tiers. — 27. Elle ne peut point nuire aux cocréanciers, ni aux codébiteurs ; mais elle peut leur être utile. — 28. Du cas où l'intérêt résultant de la transaction est indivisible. — 29. Faite par le débiteur, la transaction profite à la caution.

21. — OEuvre de la volonté des parties, la transaction ne doit rien exprimer, rien donner à entendre que ce que les parties ont elles-mêmes voulu exprimer et dire ; aussi doit-elle être, et a-t-elle toujours été, considérée comme un contrat, *strictissimi juris,* qui doit se renfermer dans le sens littéral des mots, sans admettre rien qui en augmente ou en diminue la portée. *Lites de quibus non cogitatum est, in suo statu retinetur.* Ainsi, une transaction passée par exemple sur le capital d'une dot ne doit point s'appliquer aux intérêts, si la mention spéciale n'en a pas été faite ; car ce serait étendre la transaction, la commenter pour ainsi dire, et peut-être outre-passer ainsi la volonté des parties, qui doit être ici la suprême et dernière règle.

22. — Aussi quand on a procédé dans une transaction par voie de dispositions générales, ainsi que cela arrive chaque jour, et inséré, par exemple, que les parties renoncent mutuellement et réciproquement l'une envers l'autre à tous leurs droits, actions et prétentions, il faut bien se donner

garde d'appliquer la transaction dans ces dispositions générales qui ne sont, pour ainsi dire, que des phrases d'usage dans ces contrats, mais avoir soin de la réduire à son but spécial et défini, au point que les parties ont voulu atteindre, sans le dépasser ni rester en deçà (art. 2048).

Il va sans dire que si au moment de la transaction plusieurs sujets de contestation existaient entre les parties contractantes, la renonciation dont nous parlions tout à l'heure à tous droits, actions et prétentions quelconques, aurait ici son application et éteindrait tous les sujets de dissension, car il serait alors plus que probable que telle était l'intention des parties.

23. — Mais ce n'est pas seulement les différends présents qui se trouvent réglés par les transactions, leur effet s'étend même, dans certains cas, jusque sur les dissensions futures. Ainsi, je suppose que deux individus en désaccord au sujet d'un immeuble viennent à transiger sur leurs prétentions respectives, la transaction qu'ils passent règlera non-seulement leurs différends présents, mais tous ceux qui pourront surgir entre eux par la suite au sujet de ce même immeuble.

Bien entendu que, malgré cette propriété de la transaction de s'étendre même aux débats futurs, il faudrait regarder comme nulle la transaction par laquelle deux personnes en bonne intelligence s'engageraient à n'avoir à l'avenir aucun procès, aucune division, même sur des sujets imprévus. Cet acte ne devrait nullement être pris au sérieux, et aucune force ne devrait lui être accordée.

24. — Du reste, toute puissance a été donnée par le législateur aux juges du fait pour rechercher quelles ont été, dans une transaction, les véritables intentions des parties, au lieu de s'arrêter au sens littéral des termes, en observant, toutefois, les règles posées dans le titre III du livre III, chapitre 3, section 5.

25. — La transaction passée par un individu ne le lie jamais que relativement aux droits qu'il possédait au moment même de cette transaction. Je suppose, par exemple, deux frères héritant de l'immeuble A, au sujet duquel le *de cujus* était en division avec un tiers. Pierre, l'un des frères, transige avec ce tiers au sujet de la part indivise qui lui revient dans l'immeuble en question ; son frère vient à mourir avant d'avoir accepté la succession, ou y renonce, Pierre n'aura nullement transigé sur l'immeuble entier, mais seulement sur la portion qu'il savait lui appartenir au moment même de la transaction. Car bien que par la mort ou le refus de son frère il se trouve avoir été propriétaire de la totalité de l'immeuble au

moment du contrat, il croyait pourtant n'en posséder qu'une partie, et n'avait conséquemment l'intention de transiger que sur cette seule partie. Or, comme nous l'avons déjà dit, l'intention étant la règle suprême que l'on doit toujours rechercher et appliquer en toute transaction, il est évident que, dans l'exemple précédent, Pierre n'a transigé que pour une portion de l'immeuble A.

Bien entendu que s'il n'était devenu propriétaire de l'autre portion que postérieurement à la transaction, il serait encore plus déraisonnable de vouloir étendre cette transaction à tout l'immeuble. Ce fait est tellement évident, qu'il serait inutile de s'y arrêter plus longtemps. Laissons maintenant de côté les choses sur lesquelles porte la transaction, et cherchons à quelles personnes elle peut être opposable.

26. — Quoiqu'on ait comparé la transaction à la chose jugée en leur attribuant des effets analogues, de sensibles différences existent pourtant entre ces deux contrats, et souvent leurs résultats sont loin d'être les mêmes. Ainsi, dans bien des cas, le jugement peut intervenir dans les intérêts d'un tiers et lui être opposé, tandis que la transaction, œuvre des seules parties, ne peut jamais avoir d'effet qu'à l'égard des cotransigeants (C. N., art. 1165), si ce n'est pourtant dans le cas cité par l'article 1121. Si, en effet, deux personnes en procès viennent à transiger à condition que l'une, Pierre, paiera à un parent de l'autre une somme de 1,000 fr., Pierre se trouvera lié par la transaction envers un tiers et sera dans l'obligation de lui payer la somme convenue, car on peut bien se lier envers un tiers sans son consentement, mais non pas l'obliger envers soi.

27. — Il suit de là que l'obligation contractée par un cocréancier ou un codébiteur, en vertu d'une transaction, ne peut jamais nuire à ses associés. Ainsi, dans le cas où une société se trouverait créancière envers un individu d'une somme de 20,000 fr., et que l'un des sociétaires vint à transiger avec le débiteur pour un prix de 10,000 fr., celui-ci ne se trouverait nullement dégagé envers les autres sociétaires, à qui la transaction passée sans leur consentement ne pourrait nuire; mais le débiteur aurait seulement, selon nous, un recours contre son cotransigeant.

Ainsi également la transaction passée par un codébiteur solidaire, dans le cas où la dette serait niée par tous les débiteurs, ne pourrait jamais avoir de force contre eux si elle leur était défavorable; mais si, par exemple, de cette transaction résultait la remise de la dette, tous les débiteurs se trouveraient libérés en vertu de la solidarité de cette dette.

28. — La transaction n'est même pas applicable aux tiers dans le cas où l'objet de la dette est indivisible : ainsi, si un testateur vient à laisser à trois héritiers un immeuble grevé ou jouissant d'une servitude, et que l'un des héritiers, propriétaire d'une part indivisible dans l'immeuble en question, vienne à transiger sur cette servitude, la transaction, valable quant à lui, n'aura aucune espèce d'effet relativement à ses cohéritiers.

29. — Pour ce qui est de la caution, il va sans dire que la transaction passée par le débiteur principal lui profite si elle éteint ou diminue la dette, mais ne peut jamais, dans aucun cas, lui être préjudiciable ; cela est d'une telle évidence, que nous ne nous y arrêterons pas davantage.

CHAPITRE VI.

De la nullité ou de la rescision des transactions.

Sommaire. — **30.** Autorité de la transaction; elle diffère de la chose jugée de quatre manières. — **31.** On peut y ajouter une clause pénale. — **32.** De cette clause pénale. — **33.** La transaction est-elle viciée par l'erreur de droit? — **34.** Par la lésion? — L'erreur de fait peut-elle causer la nullité ou la rescision d'une transaction, et dans quels cas le peut-elle? — **35.** *Quid* du dol, de la violence, de l'erreur sur la personne ou l'objet? — **36.** La nullité d'un titre est-elle matière à rescision? — *Quid* si la nullité n'a été ignorée que par erreur de droit? — **37.** La transaction faite sur des pièces fausses est rescindable. — **38.** De l'erreur sur l'issue d'un procès. — **39.** De l'erreur découverte par les pièces trouvées *post facto.*

30. — Quoique assimilée à la chose jugée, investie par le législateur d'une autorité égale, la transaction n'en diffère pas moins, ainsi que nous l'avons déjà dit n° 26, par des points aussi nombreux qu'importants; ainsi :

1° Un jugement est le fruit d'une conviction portée jusqu'à la certitude dans l'esprit du magistrat qui le prononce; la transaction, au contraire, est presque toujours une concession arrachée par le doute, sur le droit et la défiance de sa propre opinion.

2° Le jugement ne peut porter que sur des contestations nées; la transaction peut porter sur des contestations à naître.

3° Le jugement est divisible et opposable aux tiers dans certains cas.

La transaction est essentiellement indivisible, et, comme nous l'avons déjà dit, n'a d'action qu'envers les seules parties contractantes.

4° Sous certains rapports, la transaction a plus d'autorité que la chose jugée, et sous d'autres moins; ainsi, l'on ne peut attaquer une transaction comme on fait d'un jugement par voie d'appel, mais on peut la faire rescinder ou annuler.

31. — On peut encore accroître cette puissance de la transaction en y ajoutant une clause pénale pour la partie qui manquera la première aux conditions convenues.

32. — Cette clause pénale était en usage chez les Romains, et cet usage a passé dans notre législation : la peine est encourue, et partant la somme fixée comme peine est exigible au moment même où il y a infraction à la transaction; mais une fois la peine acquittée, la partie qui l'a encourue peut attaquer la transaction pour cause de nullité, ou demander sa rescision. Si elle échoue, il est évident que la peine aura été subie à bon droit et le prix justement payé; mais si la transaction est déclarée nulle et rescindée par le tribunal, nous pensons que, selon l'opinion émise par M. Toullier (tome VI, n°s 816 et 832), que celui qui aura subi la peine pourra répéter ce qu'il a payé comme l'ayant été induement.

33. — Nous avons dit précédemment qu'une des différences entre la transaction et la chose jugée était que la première pouvait être annulée ou rescindée, tandis que l'autre ne pouvait être attaquée que par voie d'appel; nous allons chercher maintenant quelles peuvent être les causes de nullité ou de rescision du contrat qui nous occupe ici. En général, toute obligation est nulle quand il manque *absolument* un des éléments essentiels à sa perfection; ainsi, le manque absolu de consentement, l'absence d'un objet ou d'une cause, rendent un contrat essentiellement nul, et la transaction, pour ce qui est de ces nullités, ne s'écarte pas du droit commun. Nous ne nous occuperons donc que des choses qui, sans la rendre radicalement *nulle*, peuvent la faire *annuler* ou *rescinder*. Deux faits surtout viennent d'ordinaire faire rescinder une obligation, l'erreur et la lésion. Quant à l'erreur, elle peut exister de deux manières, soit comme erreur de *droit*, soit comme erreur de *fait*. La première, l'erreur de droit, ne peut jamais s'appliquer à la transaction et venir la vicier; c'est ce que le législateur nous marque dans l'art. 2052. En effet, l'erreur de droit, qui n'est point ailleurs distinguée de l'erreur de fait (art. 1109, 1110, C. N.), ne pouvait ici devenir une cause de rescision

pour un contrat, que jamais les parties ne font qu'après avoir pris de nombreux renseignements, s'être éclairées sur leurs *droits* et les avoir reconnus au moins douteux. C'est donc parce qu'elles se défiaient de ces droits qu'elles ont consenti à transiger; si elles se sont trompées, tant pis pour elles, car sans cela la transaction deviendrait illusoire si on pouvait la faire annuler dès qu'on vient à acquérir la certitude de son droit.

34. — La transaction n'est pas non plus viciée pour cause de lésion (art. 2052); car c'est un contrat purement aléatoire, auquel on peut gagner comme on peut perdre. Il n'y a donc pas lieu de réclamer quand la fortune a été défavorable. Et je crois que le mineur lui-même ne serait pas admissible à demander la rescision d'une transaction sous prétexte de lésion; ce privilége ne lui est en effet accordé que dans la crainte que son jeune âge et l'incurie possible de son tuteur ne puissent lui être défavorables. Mais ici, la loi a pris des précautions toutes spéciales pour le garantir de toute perte, de tout dommage. Il ne doit donc pas être favorisé de préférence aux autres citoyens, et d'ailleurs notre article ne fait point d'exception en sa faveur.

35. — Quant à l'erreur de fait, toutes les fois qu'elle est substantielle et enlève toute juste cause à la transaction, elle peut la faire annuler; c'est ce que nous voyons dans notre titre, art. 2053 et suivants.

36. — L'erreur de fait peut porter ou sur la personne, ou sur l'objet, ou sur le consentement dans le cas de dol où de violence : dans tous ces cas, la transaction, si elle n'est pas nulle de plein droit, est au moins annulable, car elle manque alors de juste cause et pèche par le défaut de consentement. En effet, si, ayant un procès avec Paul, je viens à transiger par erreur avec Pierre son frère que je ne connais pas, et avec lequel je n'ai jamais eu aucune espèce de contestation, il est bien évident que mon consentement est nul puisqu'il s'appliquait à une autre personne, et il en serait ainsi si l'erreur, au lieu de porter sur la personne, venait à porter sur la chose.

Dans les cas de dol ou de violence, la nullité de la transaction n'est pas moins évidente; seulement nous ferons observer qu'il n'y a pas dol quand, sans rien faire pour détromper un adversaire qui vous croit des droits que vous n'avez pas, vous le laissez transiger avec vous. Tant que l'on n'a pas circonvenu la partie adverse par des moyens frauduleux, si elle se trompe d'elle-même, c'est son affaire; on n'est pas obligé de l'avertir à ses dépens.

36. — Si pour transiger on s'est appuyé sur un titre qui se trouve nul, la transaction peut être rescindée ; mais il faut pour cela que cette erreur sur la validité du titre en question provienne de l'ignorance d'un fait, et non de l'ignorance d'un droit. Ainsi la partie qui a transigé avec un autre en s'appuyant sur un testament qui se trouve nul par suite de la découverte postérieure d'un nouveau testament, peut demander la rescision de la transaction ; mais si le testament était nul en vertu d'un vice de forme que les parties n'eussent pas remarqué, l'erreur, étant alors erreur de droit, ne pourrait nullement devenir cause de nullité.

37. — On pourra également rescinder la transaction faite sur des pièces fausses, car de deux choses l'une : ou le défendeur les croyait bonnes, et alors il y a erreur de fait, ou il les savait fausses, et alors il y a lésion.

38. — Egalement sera rescindée la transaction passée sur une chose jugée, à moins toutefois que le procès ne soit passif d'appel ; car quand bien même on pourrait se pourvoir en cassation ou par voie de requête civile, la transaction n'en serait pas moins annulable.

39. — Quant aux titres retrouvés postérieurement à une transaction, ils ne la vicient pas si les parties ont transigé généralement sur toutes les contestations qu'elles pouvaient avoir ensemble ; mais si la transaction ne porte que sur un point relatif au titre trouvé, elle peut être déclarée nulle.

QUESTIONS.

1. — Le grevé de substitution peut-il transiger relativement aux biens sur lesquels portent la substitution ? — Oui.

2. — La transaction passée par le possesseur de bonne foi peut-elle être invoquée par le propriétaire ? — Oui.

3. — La transaction peut-elle être prouvée par serment *litis-décisoire*? — Non.

4. — Peut-on transiger sur une pension alimentaire ?

DROIT COMMERCIAL.

Du Rechange et des Comptes de retour.

Le tireur, et les endosseurs qui le représentent à l'égard des endosseurs suivants, sont tenus, non-seulement de rembourser la lettre de change qu'ils s'étaient obligés de faire payer au porteur, mais encore d'indemniser ce dernier du préjudice que l'inexécution de leur engagement a pu lui causer.

Le rechange fait partie de ces dommages et intérêts.

Pour savoir ce que c'est que le rechange, il faut observer que celui à qui la lettre a été fournie peut, en cas de refus de paiement de la lettre, après avoir fait son protêt, prendre d'un banquier du lieu où la lettre était payable une somme d'argent pareille à celle portée par la lettre qui n'a pas été acquittée, et donner à ce banquier, en échange de l'argent qu'il reçoit de lui, une lettre de change de cette somme tirée à vue sur celui qui lui avait fourni la sienne, ou sur quelqu'autre personne.

Si, pour avoir cet argent en échange de cette lettre, il a payé à ce banquier un droit de change, ce droit de change, qu'il a payé pour avoir l'argent dont il avait besoin, est ce qu'on appelle le *rechange*, dont il doit être remboursé par celui qui lui a fourni la lettre dont le paiement lui a été refusé. (Pothier, *Du contrat de change.*)

On a dit sur cet article : lorsque le porteur prend la voie de la retraite, au lieu de former son action contre les tireurs et les endosseurs, encourt-il vis-à-vis des endosseurs la déchéance prononcée par l'art. 168, ou bien son action est-elle seulement suspendue jusqu'au refus du paiement de la retraite?

Les articles 165 et 168 n'exceptent pas de la règle qu'ils établissent le porteur qui use de la retraite. Mais ce porteur n'est pas placé dans l'alternative d'abandonner ou ce moyen ou son action. Rien n'empêche de poursuivre le tireur quoiqu'il tire sur lui, et même l'art. 185 suppose qu'il le fera toujours. Si la retraite est acceptée, les poursuites sont éteintes, comme devenues sans objet, le créancier ayant obtenu satisfaction.

En ce qui touche le rechange, le Code de Commerce ne s'écarte point de l'ordonnance de 1673, portant :

« La lettre de change étant protestée, le rechange ne sera dû par ce- « lui qui l'aura tirée que pour le lieu où la remise aura été faite, et non « pour les autres lieux où elle a été négociée, sauf à se pourvoir par le « porteur contre les endosseurs pour le paiement du rechange des lieux « où elle aura été négociée selon leur ordre. »

Ce principe ne reçoit aucune altération, et se retrouve seulement plus développé par les art. 179 et suivants du Code.

On aurait pu à la rigueur considérer que le tireur, en livrant à la circulation du commerce une lettre à ordre, est censé avoir véritablement donné la faculté indéfinie de négocier dans tous les lieux, que les rechanges ne sont occasionnés que par son manquement de faire les fonds à l'échéance, et en conséquence faire retomber sur lui seul la charge de tous les rechanges accumulés.

Mais si tout bien considéré, ce n'eût été que justice, cette justice a semblé trop sévère; et comme chaque endosseur a réellement profité pour ses propres intérêts de la faculté de négocier en tous lieux qu'il lui a convenu, il a paru qu'il y aurait plus de mesure, de modération et même d'équité dans la disposition adoptée, conforme d'ailleurs à l'usage le plus général du commerce d'Europe, comme à notre ancienne jurisprudence.

La nouvelle lettre de change dont nous avons parlé, ou *retraite*, est accompagnée d'un compte de retour; c'est-à-dire d'un état justifiant que le montant de la nouvelle lettre de change, lequel à raison des dommages et intérêts s'élève nécessairement plus haut que la dette primitive, que ce montant, dis-je, est dû au porteur.

Ce compte de retour comprend :

1° Le principal de la lettre de change protestée : ce paiement est évidemment la première obligation du tireur;

2° Les frais de protêt et autres frais légitimes, tels que commission de banque, courtage, timbre et port de lettres;

3° Il doit être certifié par un agent de change. L'ordonnance de 1673 se contentait de dire que le rechange serait certifié par pièces valables (Pothier, *loco citato*). L'art. 181 établit une règle beaucoup plus sûre, beaucoup plus précise, et dont l'application ne peut entraîner aucun embarras; à défaut d'agent de change dans les villes où il n'en existe point, deux commerçants doivent certifier le compte de retour.

Il ne peut être fait plusieurs comptes de retour sur une seule lettre de change ;

Et ce compte de retour est remboursé d'endosseur à endosseur, respectivement et définitivement par le tireur.

Expliquons ceci par un exemple : — Une lettre est tirée par *Pierre* au profit de *Paul* ; Paul la négocie à *Louis*, Louis à Vincent, celui-ci s'en trouve porteur à l'échéance et il n'est pas payé. Comme il a pris la lettre par la confiance qu'il avait dans la signature de Louis, il abandonne tous les autres signataires qu'il ne connaît pas et tire une traite sur ce commerçant; il y joint un compte de retour, et est remboursé de la dette principale, du rechange et des autres frais accessoires.

Louis à son tour tire sur Paul, et pour y parvenir il est obligé de faire de nouveaux frais.

On demande s'il lui est permis de porter dans son compte de retour et les frais qu'il a fait lui-même et ceux qu'il a remboursés à Vincent, et si ensuite Paul, forcé aussi de tirer sur Pierre, tireur primitif, pourra à son tour répéter le tout, indépendamment de ses frais personnels.

Personne n'a pu soutenir qu'il dût en être ainsi. On a reconnu que le tireur ne pouvait pas être passif de toutes les retraites qui pourraient être faites par un nombre quelquefois considérable d'endosseurs, et qu'il serait injuste de le grever d'une multiplicité de frais qu'il n'a pu prévoir et dont, par conséquent, il n'a pas voulu se rendre garant; et c'est ce que le législateur a voulu empêcher et a empêché par l'art. 182.

QUESTION.

Le porteur qui prend la voie de la retraite, au lieu de former son action contre les tireurs et les endosseurs, encourt-il vis-à-vis des endosseurs la déchéance prononcée par l'art. 168, ou bien son action est-elle suspendue jusqu'au refus de paiement de la retraite?

Rennes, le 29 novembre 1854.

Vu pour l'impression,
Le Doyen, H. RICHELOT.

www.ingramcontent.com/pod-product-compliance
Lightning Source LLC
Chambersburg PA
CBHW060512210326
41520CB00015B/4198